COLLECTION DE MONSIEUR C. D....

1re VENTE

Objets de Curiosité

ET D'AMEUBLEMENT

ÉTOFFES, TABLEAUX

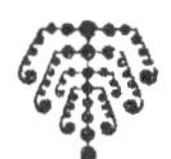

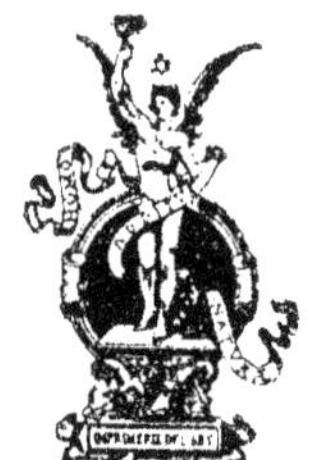

CATALOGUE

DES

OBJETS DE CURIOSITÉ

ET D'AMEUBLEMENT

DES ÉPOQUES GOTHIQUE, RENAISSANCE, ETC.

ANTIQUES

BRONZES ITALIENS, ARMES

STATUETTES, GROUPES ET PANNEAUX EN BOIS SCULPTÉ

Pierres, Marbres, Terres cuites

SIÈGES ET MEUBLES

VELOURS, SOIES ET TAPISSERIES

TAPIS D'ORIENT

TABLEAUX ANCIENS

Appartenant à Monsieur C. D....

ET DONT LA VENTE POUR CAUSE DE DÉPART AURA LIEU A PARIS

HOTEL DROUOT, SALLES Nos 5 & 6

LES LUNDI 12, MARDI 13 ET MERCREDI 14 FEVRIER 1912

à deux heures

COMMISSAIRE-PRISEUR

Me HENRI BAUDOIN, *Successeur de M. Paul CHEVALLIER*

10, rue de la Grange-Batelière

EXPERTS

MM. MANNHEIM
7, rue Saint-Georges

M. JULES FÉRAL
7, rue Saint-Georges

EXPOSITION PUBLIQUE

Le Dimanche 11 Février 1912, de 1 h. 1/2 à 6 heures

CONDITIONS DE LA VENTE

Elle sera faite au comptant.

Les adjudicataires paieront *dix pour cent* en sus des enchères.

Paris. — Imp. de l'Art, Ch. Berger, 41, rue de la Victoire.

ORDRE DES VACATIONS

Le Lundi 12 Février 1912

Antiques	1 à 34
Bronzes	35 à 56
Armes	57 à 76
Objets variés	77 à 83
Tableaux	375 à 430

Le Mardi 13 Février 1912

Bois sculptés	84 à 147
Pierres, Marbres, Terres cuites (Partie des)	148 à 188
Meubles (Partie des)	214 à 254

Le Mercredi 14 Février 1912

Pierres, Marbres, Terres cuites (Fin des)	189 à 213
Meubles (Fin des)	255 à 279
Étoffes, Dentelles	280 à 352
Tapisseries, Tapis	353 à 374

DÉSIGNATION

ANTIQUES

1 — Figurine d'Osiris en terre. Travail antique.

2 — Trois petites lampes antiques en terre cuite.

3 — Figurine de personnage nu, debout; terre cuite. Travail antique.

4 — Fragment de bas-relief en terre cuite, présentant un personnage dansant en faisant de la musique. Travail antique.

5 — Petit groupe en terre cuite de deux personnages drapés. Travail antique.

6 — Statuette de personnage en terre cuite, portant un masque. Travail antique.

7 — Statuette d'amour en terre cuite, drapé à l'antique. Travail antique.

— Statuette en terre cuite antique de femme, debout.

9 — Statuette en terre cuite de femme debout, amplement drapée. Travail antique.

10 — Statuette en terre cuite de personnage, à demi-drapé et assis. Travail antique.

11 — Rhyton en terre cuite, orné d'une tête d'animal. Travail antique.

12 — Vase en terre, décoré de palmettes sur fond noir. Travail étrusque antique.

13 — Six pièces, verrerie variée antiques et autres.

14 — Fragment de peinture antique, présentant des personnages nus, couronnés de feuillages.

15 — Couteau en fer, à poignée garnie de cuivre. Travail antique.

16 — Œnochoé à col trilobé, munie d'une anse en cuivre. Travail antique.

17 — Figurine de Vénus nue, debout, tenant de la main gauche une coupe. Bronze antique.

18 — Statuette en bronze d'Hercule, debout et nu. Travail antique.

19 — Statuette de Vénus, debout, entièrement nue. Bronze antique. Base en marbre.

20 — Figurine, en bronze vert, d'Hercule nu, debout. Travail antique.

21 — Coupe à deux anses en bronze antique.

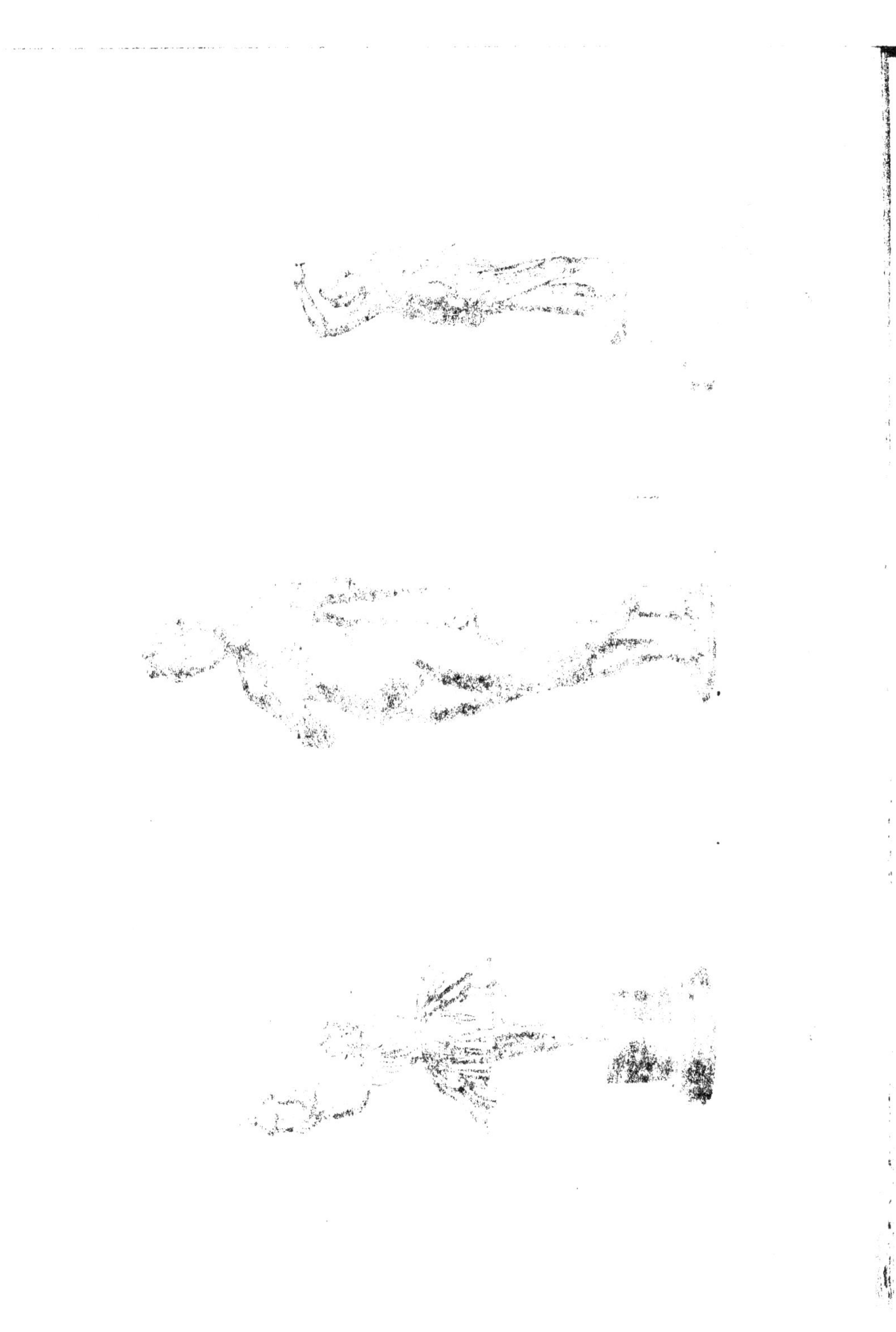

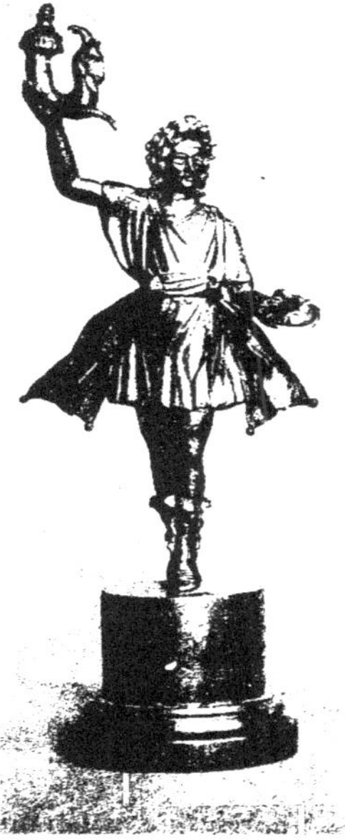

27

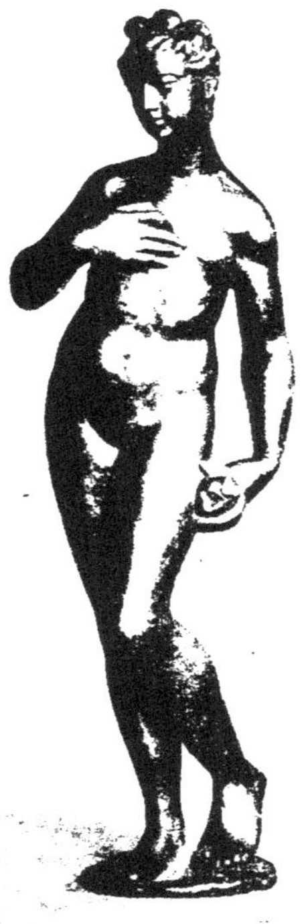

40

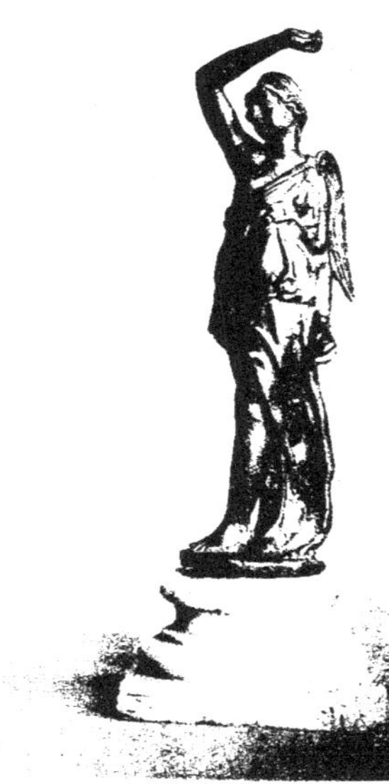

39

22 — Statuette d'Hercule nu, debout, coiffé de la dépouille du lion de Némée. Bronze vert antique, de travail étrusque.

23 — Anse de vase en bronze antique, à patine verte.

24 — Deux pieds de ciste : griffons à mi-corps, en bronze vert antique.

25 — Manche de patère, terminé par une tête de bélier, en bronze antique.

26 — Figurine de femme, debout, le torse nu. Bronze de travail antique.

27 — Statuette en bronze antique, à patine brune, de dieu lare, tenant de la main droite surélevée un rhyton et de la gauche une coupe. Travail étrusque.

28 — Figurine en bronze vert antique : Horus enfant, assis, tenant une corne d'abondance.

29 — Figurine en bronze antique de divinité égyptienne, debout.

30 Petite tête de personnage égyptien, en calcaire sculpté. Travail égyptien antique.

31 — Torse antique en marbre blanc sculpté, petite nature.

32 — Petit torse d'homme en marbre blanc, de travail antique.

33 — Statuette en marbre blanc de personnage, debout, drapé. Travail antique. La tête manque ainsi que les bras.

34 — Tête de bacchante, grandeur nature, en marbre blanc, couronnée de grappes de raisin. Travail antique.

BRONZES

35 — Deux figurines d'amours musiciens en bronze doré. Italie, XVIe siècle.

36 — Tête de personnage, grandeur nature, en bronze à patine brune ; socle en marbre. Ancien travail italien.

37 — Encrier de forme ronde, porté par trois figurines de personnages nus, accroupis. Bronze italien du XVIe siècle.

38 — Petit torse d'homme en bronze à patine brune. Travail italien du XVIe siècle.

39 — Statuette de femme ailée, drapée à l'antique, la main droite levée au-dessus de la tête. Italie, XVIe siècle.

40 — Statuette en bronze, à patine brune, de Vénus, nue, debout, tenant la pomme. Travail vénitien du XVIe siècle.

41 — Sonnette en bronze, décorée de bucranes et de griffons, et à poignée formée d'une figurine de Mercure. Travail italien du XVIe siècle.

42 — Statuette en bronze à patine brune, de satyre debout, le bras droit passé derrière la tête. Italie, fin du XVIe siècle.

43 — Statuette d'homme barbu, nu, debout, en bronze. Travail italien de la fin du XVe siècle.

44 — Statuette de satyre, debout, en bronze, à patine brune. Travail italien de la fin du XVIe siècle.

45 — Statuette de Mercure volant en bronze à patine brune. Travail italien de la fin du XVIe siècle.

46 — Statuette en bronze à patine verte, de guerrier, debout, armé, et coiffé d'un casque à l'antique. Ancien travail italien.

47 — Groupe en bronze, à patine brune : Hercule foulant aux pieds Nessus, après avoir délivré Déjanire. Ancien travail italien.

48 — Statuette du Temps, debout, ailé, en bronze à patine verte. Travail italien, fin du XVIIIe siècle.

49 — Statuette en bronze, à patine brune : Hercule et Cerbère. Fin du XVIIIe ou commencement du XIXe siècle.

50 — Petit buste-applique de François Ier, en bronze à patine brune, sur base en marbre blanc.

51 — Deux porte-cierges italiens, en bronze à patine brune, décorés de figures de chérubins et feuillages, avec emblèmes religieux sur la base.

52 — Petit chapiteau en bronze, avec traces de dorure, orné de figures de sirènes et de mascarons chimériques,

53 — Encrier triangulaire, orné de cariatides, en bronze à patine brune. Travail italien, XVIe siècle.

54 — Lampe de style antique, sur pieds-griffes, en bronze, à patine brune. Travail italien, XVIe siècle.

55 — Lion, assis, en fonte patinée. Allemagne. Fin du XVe siècle.

56 — Buste en bronze à patine brune, de fillette, d'après *Saly*. Première moitié du XIXe siècle.

ARMES

57 — Pansière en fer, décorée de nervures. XVIe siècle.

58 — Armet en fer bruni, à décor de bandes gravées, à trophées, animaux, etc. XVIe siècle.

59 — Dague à manche de fer damasquiné argent, à décor de rinceaux. XVIe siècle.

60 — Coutelas à poignée, partiellement dorée, surmontée d'un lion. Italie. XVIe siècle.

61 — Poignard à poignée de fer damasquiné d'argent ; pommeau orné de bustes ; fusée échiquetée, du XVIe siècle.

62 — Fragment de cuissard articulé, en fer gravé, à rinceaux, XVIe siècle.

63 — Fragment de brassard articulé, en fer gravé à rinceaux, XVIe siècle.

64 — Fragment de cuissard en fer gravé, décor de bustes et rinceaux, XVIe siècle.

65 — Pansière en fer du XVIe siècle.

66 — Casque incomplet en fer, du XVIe siècle.

67 — Dossière articulée en fer, cloutée de cuivre, XVIe siècle.

68 — Poignard italien à poignée du XVIe siècle en fer damasquiné d'or et d'argent, à décor de rinceaux et médaillons bustes ; quillons en S.

69 — Armet en fer, avec traces de dorure : décor de filets. Fin du XVIe siècle.

70 — Spallière en fer, décorée de bandes gravées, à décor de rinceaux, personnages et animaux. Fin du XVIe siècle.

71 — Cabasset en fer gravé à figures, de la fin du XVIe siècle.

72 — Armet en fer, avec traces de dorure ; décor de têtes de clous, de rosaces et de filets. XVIIe siècle.

73 — Mousquet à rouet, en bois et os gravé. XVIIe siècle.

74 — Grand pistolet à rouet, à crosse et fût de bois sculpté ; canon ciselé à personnages. En partie du XVIIe siècle.

75 — Rapière à corbeille ajourée, à décor de mascarons. En partie du XVIIe siècle.

76 — Esponton en fer doré, à armoiries, du XVIIIe siècle, avec hampe incomplète.

OBJETS VARIÉS

77 — Petit groupe en ivoire sculpté, représentant la Vierge assise, portant sur le genou gauche l'Enfant Jésus, debout, vêtu d'une chemisette. XIVe siècle.

78 — Lustre en bronze, à deux rangs de lumières, orné sur la tige d'un groupe : la Vierge et l'Enfant Jésus. Ancien travail hollandais.

79 — Grille de balcon en fonte, décorée de rinceaux. XVIIe siècle.

80 — Grille de balcon en fonte, du commencement du XIXe siècle.

81 — Potence d'enseigne en fer, décorée de feuillages et de quadrillés. XVIIIe siècle.

82 — Pendule en bronze doré, à mouvement placé au milieu de branchages et accosté d'une figure de Diane, d'un enfant nu et d'un amour. Base en bois noir. Époque Louis XVI.

83 — Pendule-lyre en bronze doré, à décor de feuillages, guirlandes de fruits et têtes d'aigles : base en marbre blanc. Époque Louis XVI.

BOIS SCULPTÉS

84 — Buste du Christ, grandeur petite nature, provenant d'une croix. Bois sculpté. XVe siècle.

85 — Statuette-applique en bois sculpté, peint et doré, de saint Georges, armé de toutes pièces. Fin du XVe siècle, Allemagne.

86 — Statuette-applique en bois sculpté, peint et doré, représentant saint Adrien tenant l'enclume et debout sur le lion. Fin du XVe siècle.

87 — Devant de coffre en bois sculpté, orné de cinq panneaux à fenestrages gothiques.

88 — Deux portes de meuble en bois sculpté, ornées de fenestrages gothiques.

89 — Deux extrémités de coffre, ornées de panneaux en bois sculpté à fenestrages gothiques.

90 — Devant de coffre en bois sculpté, orné de quatre panneaux à fenestrages gothiques.

91 — Groupe en bois sculpté et peint, représentant la Vierge assise, portant sur les genoux l'Enfant Jésus, vêtu d'une chemisette. Ancien travail d'Auvergne.

92 — Statuette en bois sculpté, peint et doré, représentant une sainte femme, debout, richement vêtue, les cheveux défaits. Commencement du XVIe siècle.

93 — Statuette-applique en bois sculpté, avec traces de peinture, représentant une sainte femme richement vêtue, coiffée d'une couronne et tenant un livre. Commencement du XVIe siècle.

94 — Groupe-applique en bois sculpté : la Vierge, debout, tenant sur le bras droit l'Enfant Jésus. Commencement du XVIe siècle.

95 — Statuette équestre de saint Georges, terrassant le dragon. Bois sculpté, peint et doré. Commencement du XVIe siècle.

96 — Fermeture de fenêtre en bois sculpté, divisée elle-même en deux portes superposées ; décor de serviettes repliées. Garniture de fer. Commencement du XVIe siècle.

97 — Statuette en bois sculpté, peint et doré, représentant un évêque assis et bénissant. XVIe siècle.

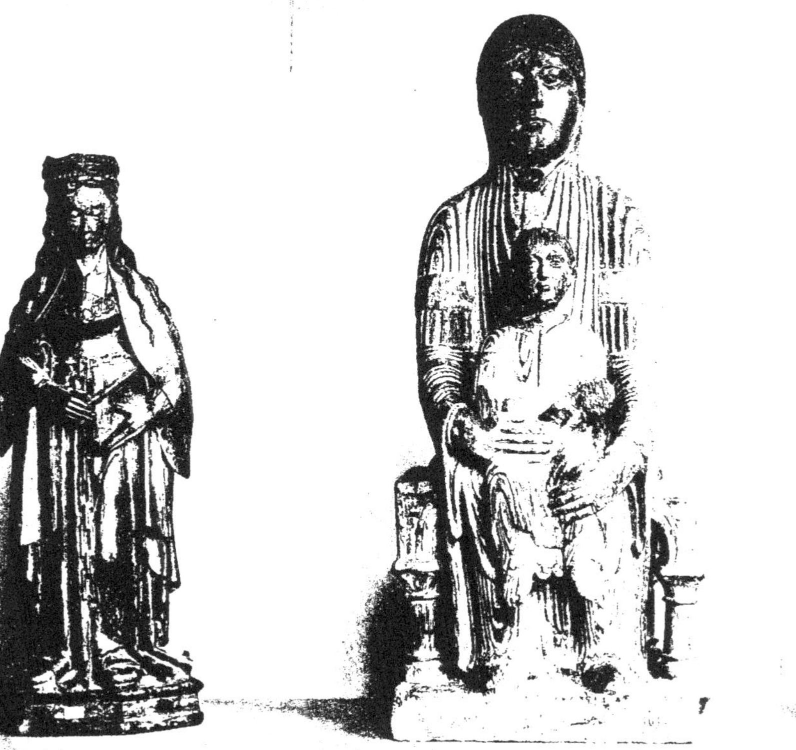

93

91

92

98 — Deux pilastres en bois sculpté, avec traces de dorure ; chapiteaux corinthiens. XVIe siècle.

99 — Petit groupe en bois sculpté : la Pieta, composition de quatre personnages. XVIe siècle.

100 — Groupe en bois sculpté, avec traces de peinture : Sainte Anne assise, portant la Vierge et l'Enfant Jésus. XVIe siècle.

101 — Buste, grandeur nature, de la Vierge, en bois sculpté, peint et doré. Elle porte une couronne et tient une fleur de la main droite. XVIe siècle.

102 — Partie de coffre en bois sculpté, présentant, sous deux arcades, des feuillages crispés avec glands de chêne. XVIe siècle.

103 — Extrémité de coffre en bois sculpté, décorée de deux panneaux étroits à fenestrages gothiques. XVIe siècle.

104 — Partie de coffre en bois sculpté à cannelures. XVIe siècle.

105 — Petit devant de coffre en bois sculpté, à quatre fenestrages gothiques. XVIe siècle.

106 — Volet de fenêtre, en bois sculpté et ajouré, à fenestrages gothiques. XVIe siècle.

107 — Devant de coffre en bois sculpté, à quatre compartiments de motifs gothiques. XVIe siècle.

108 — Devant de coffre en bois sculpté, à quatre portes : compartiments de serviettes repliées. XVIe siècle.

109 — Panneau en bois sculpté, décoré de trois figures de sainteté sous des arcades. XVIe siècle.

110 — Deux portes de meuble en bois sculpté, ornées chacune d'un casque à cimier timbré d'une couronne ; décor de rinceaux feuillagés ; serrures et pentures en fer. XVIe siècle.

111 — Porte de meuble en bois sculpté, décorée de deux arcades gothiques. XVIe siècle.

112 — Statuette de sainte femme, debout, en bois sculpté, peint et doré. XVIe siècle.

113 — Groupe-applique en bois sculpté, peint et doré : la Vierge, l'Enfant Jésus et sainte Anne. XVIe siècle.

114 — Buste, grandeur petite nature, en bois sculpté de personnage, la tête légèrement inclinée vers l'épaule droite. XVIe siècle.

115 — Statuette en bois sculpté et peint, d'ange, agenouillé, tenant un porte-cierge. XVIe siècle.

116 — Statuette de moine, debout, en bois sculpté. XVIe siècle.

117 — Buste, petite nature, en bois sculpté, de personnage barbu, les cheveux longs, coiffé d'une toque et drapé à l'antique. XVIe siècle.

118 — Statuette-applique en bois sculpté, peint et doré, représentant un pape, debout, bénissant. XVIe siècle.

119 — Buste en bois sculpté, d'évêque barbu, vêtu d'une chape. XVIe siècle.

120 — Buste d'évêque, en bois sculpté et peint. XVIe siècle.

121 — Statuette en bois sculpté, peint et doré, représentant un diacre debout. XVIe siècle.

122 — Groupe en bois sculpté, représentant saint Nicolas, debout, bénissant. XVIe siècle.

123 — Statuette en bois sculpté de saint Jacques le majeur, tenant d'une main le bâton de pèlerin, et de l'autre un volume ouvert. XVIe siècle.

124 — Petit groupe-applique en bois sculpté et peint : la Pieta ; composition de cinq figures. XVIe siècle.

125 — Statuette, en bois sculpté, de saint Antoine, debout, tenant un livre ouvert. XVIe siècle.

126 — Petit groupe-applique en bois sculpté et peint : la Vierge, debout, tenant l'Enfant Jésus autour de qui est enroulé un chapelet. XVIe siècle.

127 — Groupe en bois sculpté, représentant la Vierge, debout, tenant l'Enfant Jésus, vêtu d'une chemisette. XVIe siècle.

128 — Statuette à mi-corps, représentant une sainte femme, en bois sculpté et peint. XVIe siècle.

129 — Groupe en bois sculpté : la Vierge vue à mi-corps, portant l'Enfant Jésus, nu, qui tient un fruit de la main gauche. XVIe siècle.

130 — Groupe-reliquaire en bois sculpté, peint et doré, représentant la Vierge assise, portant sur les genoux l'Enfant Jésus. XVIe siècle.

131 — Statuette-applique de sainte femme, en bois sculpté, la main droite passée sur la poitrine ; traces de peinture. XVIe siècle.

132 — Fragment de groupe provenant d'une adoration des Mages, et composé de deux personnages tenant des présents. Bois sculpté. XVIe siècle.

133 — Statuette-applique en bois sculpté et peint : Sainte femme debout, tenant un calice de la main droite. En partie du XVIe siècle.

134 — Statuette-applique en bois sculpté : Sainte femme debout, tenant un livre ouvert. En partie du XVIe siècle.

135 — Extrémité de coffre en bois sculpté, décoré de trois pilastres. Fin du XVIe siècle.

136 — Petit dais-applique en bois sculpté, peint et doré, décoré de figures d'enfants nus et de draperies avec glands. XVIIe siècle.

137 — Petit encadrement en bois sculpté et doré, à cariatides, avec figure du Père éternel au fronton. Travail italien, XVIIIe siècle.

138 — Statuette-applique de saint personnage barbu, en bois sculpté et peint.

139 — Statuette d'enfant nu en bois sculpté et peint.

140 — Statuette en bois sculpté de sainte femme, debout ; les mains manquent.

141 — Tête de chérubin en bois sculpté et peint gris.

142 — Deux petites cariatides en bois sculpté d'anges, les mains jointes sur la poitrine. XVIIe siècle.

143 — Statuette en bois sculpté, présentant une femme agenouillée en prières. XVIIe siècle

144 — Statuette d'ange agenouillé en bois sculpté, avec traces de peinture. XVIIe siècle.

145 — Christ en bois sculpté, du XVIIe siècle.

146 — Porte de meuble en bois sculpté, à deux compartiments chargés d'entrelacs. XVIIe siècle.

147 — Deux grands fragments en bois sculpté, à fleurs et rocailles.

PIERRES, MARBRES

TERRES CUITES

148 — Trois chapiteaux, en pierre sculptée, d'époque romane.

149 — Statuette en pierre sculptée : la Vierge debout, portant l'Enfant Jésus ; elle est amplement drapée, la tête de l'enfant manque. XIVe siècle.

150 — Groupe en marbre tendre blanc, représentant la Vierge, debout, amplement drapée, coiffée d'un voile et d'une couronne, et tenant sur le bras gauche l'Enfant Jésus, vêtu d'une chemisette. Travail français du XIVe siècle.

151 — Chapiteau gothique feuillagé en pierre sculptée.

152 — Bas-relief en pierre sculptée et peinte, présentant un évêque debout, sous une niche gothique.

153 — Fragment d'architecture en pierre sculptée, représentant des saints debout sous des arcades à fenestrages gothiques.

154 — Support-applique d'angle en pierre sculptée à fleurs et fruits. Époque gothique.

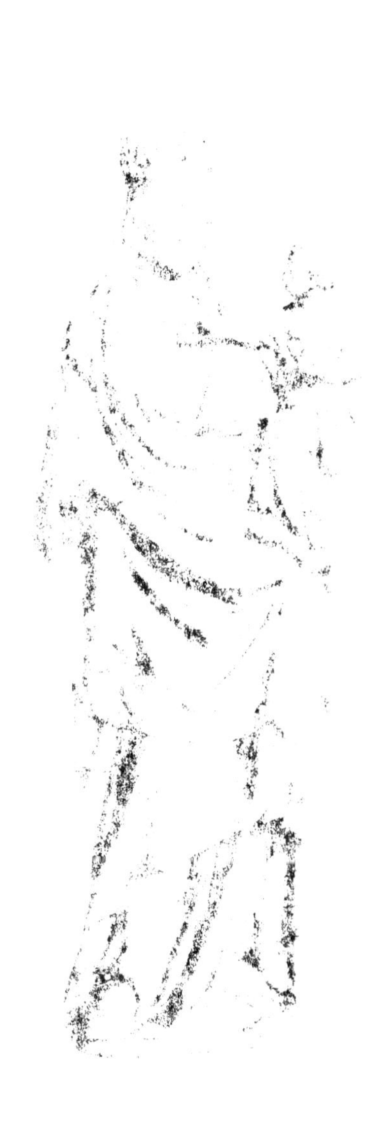

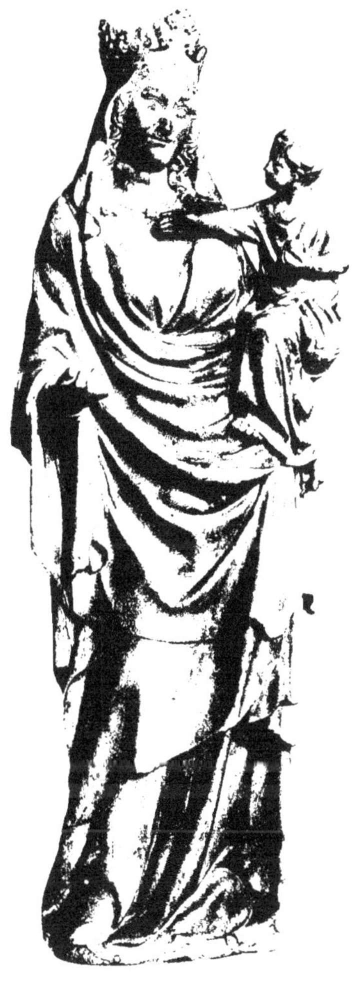

155 — Fragment d'architecture gothique en pierre sculptée.

156 — Buste en terre cuite peinte, grandeur nature, présentant un moine vu de face, vêtu d'une tunique. Ancien travail italien.

157 — Statuette-applique en pierre sculptée de sainte femme, debout, richement vêtue. France, xve siècle.

158 — Statuette en pierre sculptée, représentant la Vierge assise, vêtue d'un manteau et coiffée d'une couronne. xve siècle.

159 — Groupe en pierre sculptée : la Pieta : le Christ mort est étendu sur les genoux de la Vierge assise. xve siècle.

160 — Fragment simulant deux mains, grandeur nature, en marbre blanc. xve siècle.

161 — Fragment de dais en pierre sculptée, à motifs gothiques. xve siècle.

162 — Fragment d'architecture ayant supporté une statue, pierre sculptée. xve siècle.

163 — Fragment de pinacle, à motifs gothiques, en marbre blanc. Fin du xve siècle.

164 — Gisant en pierre sculptée, les mains croisées sur la poitrine; il est vêtu d'une longue robe à larges manches et coiffé d'une toque; sa tête repose sur un coussin. Travail italien, fin du XIVe siècle.

Long., 1 m. 60 cent.

165 — Statuette en marbre tendre blanc, représentant sainte Barbe, debout, tenant la tour. Fin du XVe siècle.

166 — Statuette-applique en terre cuite, peinte, de sainte femme vue à mi-jambes, les mains jointes. XVIe siècle.

167 — Haut-relief en pierre sculptée, présentant un angelot, debout, tenant un phylactère. Travail italien.

168 — Petit buste de personnage barbu, coiffé d'une toque, en terre cuite peinte. Travail italien.

169 — Statue-applique en pierre sculptée, avec traces de peinture, représentant une sainte femme debout, richement vêtue, tenant de la main gauche un livre ouvert. XVIe siècle.

Haut., 1 m. 40 cent.

170 — Fragment de console en marbre blanc, à tête de lion. Italie, XVIe siècle.

171 — Bas-relief en marbre blanc, représentant saint Jean-Baptiste tenant l'agneau mystique. Travail espagnol, XVIe siècle.

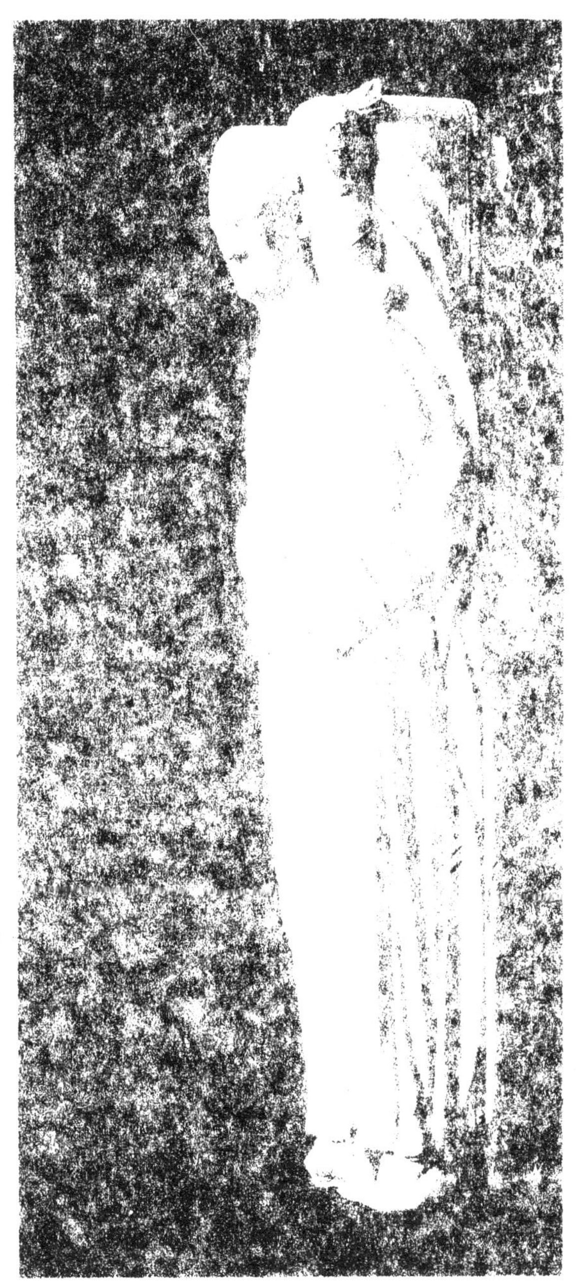

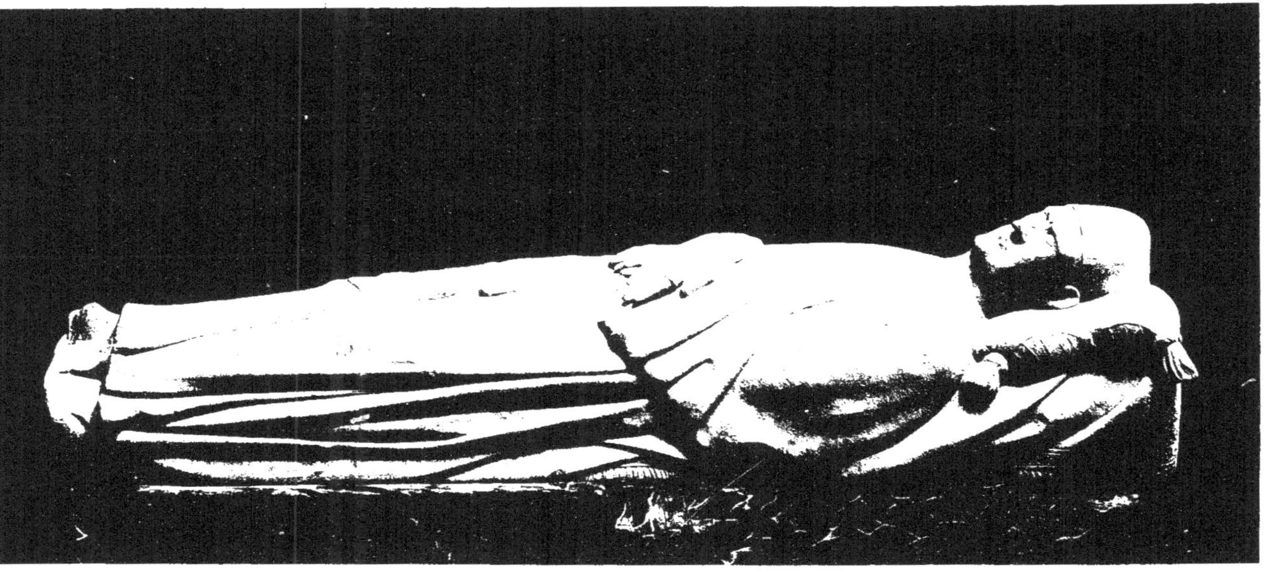

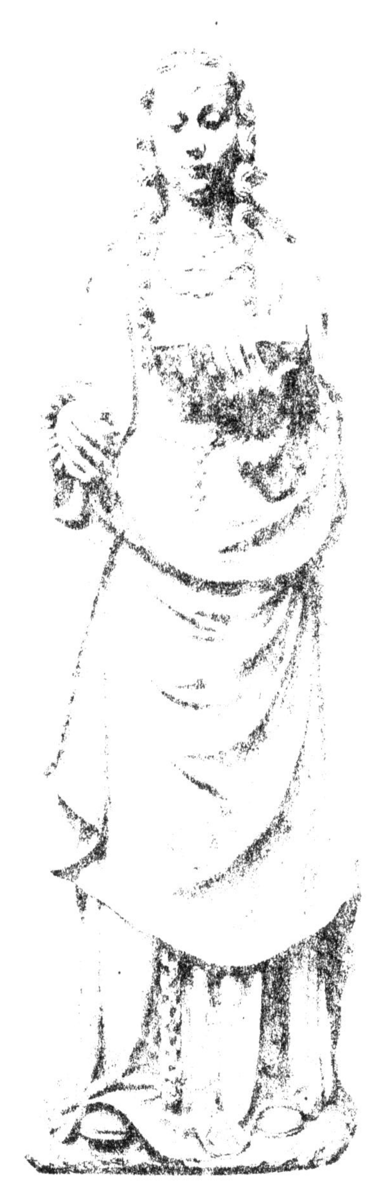

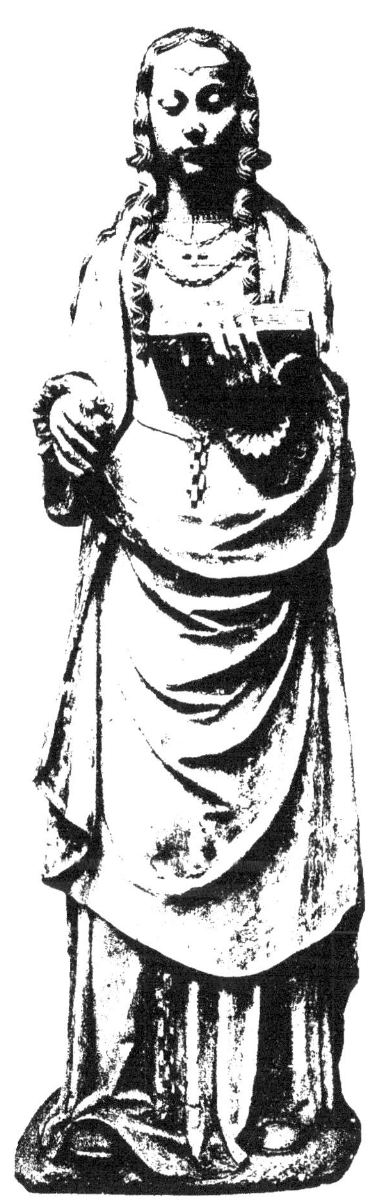

172 — Buste, grandeur nature, en pierre peinte, avec traces de dorure, représentant la Vierge, les cheveux défaits, une couronne sur la tête. Même travail.

173 — Groupe en pierre sculptée, représentant la Vierge, debout, tenant l'Enfant Jésus sur le bras gauche. XVIe siècle.

174 — Statuette en pierre sculptée et peinte, présentant sainte Barbe, debout, tenant un volume ouvert. XVIe siècle.

175 — Vase en marbre blanc sculpté, orné d'une course de rinceaux fleuris. Italie, XVIe siècle.

176 — Ecusson en pierre sculptée, chargé des trois léopards d'Angleterre.

177 — Fragment, de forme carrée, en marbre blanc, décoré d'un oiseau et de fleurs en relief.

178 — Petit bas-relief en pierre sculptée, présentant un griffon. Travail italien, XVIe siècle.

179 — Chapiteau, à motifs gothiques, en pierre sculptée. XVIe siècle.

180 — Statuette-applique en pierre sculptée de sainte Marguerite, les mains jointes, ayant à ses pieds le dragon. XVIe siècle.

181 — Buste, grandeur nature, de moine en pierre sculptée et peinte. XVIe siècle.

182 — Groupe en pierre sculptée, représentant la Vierge, debout, tenant l'Enfant Jésus; à la base, un écusson d'armoiries. XVIe siècle.

183 — Statuette en pierre sculptée, représentant saint Sébastien lié à l'arbre. XVIe siècle.

184 — Statuette en pierre sculptée: l'Ange du Jugement dernier. XVIe siècle.

185 — Tête, petite nature, d'homme barbu, en terre émaillée blanc, de l'école des Robbia.

186 — Buste-reliquaire en pierre sculpté, représentant une sainte femme, les mains jointes, au-dessus d'un cartouche que soutiennent deux angelots. Fin du XVIe siècle.

187 — Haut-relief en terre cuite : la Pieta. Travail italien.

188 — Bas-relief ovale en terre cuite, présentant la Vierge assise, tenant l'Enfant Jésus, et accompagnée de chérubins. Travail italien, par San Gallo. Fin du XVe siècle.

189 — Petite tête de femme couronnée en pierre sculptée.

190 — Bas-relief, de forme ronde, en pâte peinte : la Vierge tenant l'Enfant Jésus. Travail italien. Encadré.

191 — Statuette d'enfant nu, assis, endormi, la tête appuyée sur la main droite. Marbre blanc. Italie, XVIIe siècle.

192 — Bas-relief en pierre sculptée, présentant une figure de femme, vue de dos. XVIIe siècle.

193 — Statuette en marbre tendre blanc, de saint Jean-Baptiste debout; à ses pieds, l'agneau mystique. XVIIe siècle.

194 — Deux têtes de chérubins en marbre blanc, les ailes déployées, sur base en marbre vert de mer. XVIIe siècle.

195 — Deux têtes de chérubins, grandeur nature, en marbre blanc, les ailes déployées, sur piédouche en marbre de couleurs. XVIIe siècle.

196 — Tête de chérubin applique en marbre blanc, les ailes déployées. XVIIe siècle.

197 — Bas-relief en pierre sculptée, présentant un écusson d'armoiries et avec fronton orné de personnages. Ancien travail italien.

198 — Buste, grandeur nature, en marbre blanc, à personnage portant la barbe et vêtu à la mode du règne de Henri IV.

199 — Statuette en terre cuite, représentant Andromède menacée par le monstre, et adossée à des rochers et des troncs d'arbres ; attribuée à COYSEVOX. XVIIe siècle.

200 — Statuette en terre cuite, représentant un pape assis, la main droite bénissant ; attribuée à BERNINI. XVIIe siècle.

201 — Buste d'enfant, grandeur nature, drapé à l'antique ; pierre peinte. Ancien travail italien.

202 — Statuette de saint Jean-Baptiste, debout, en pierre sculptée. Ancien travail italien.

203 — Petit vase en marbre blanc, à anses serpents et culot feuillagé. Ancien travail italien.

204 — Petite tête de Jupiter, barbu, en pierre. Ancien travail italien.

205 — Petit lion couché en marbre blanc. Ancien travail italien.

206 — Buste d'homme, grandeur nature, en terre cuite ; il est drapé à l'antique. Fin du XVIIIe siècle ou commencement du XIXe siècle.

207 — Buste en terre cuite d'homme, portant les cheveux longs. Premier tiers du XIXe siècle.

208 — Bas-relief, de forme ronde, en pâte peinte et dorée : la Vierge et l'Enfant Jésus. Travail italien.

209 — Bas-relief en terre cuite, présentant le Christ mort étendu. Travail italien.

210 — Statuette de roi, debout, portant un coussin, en pierre.

211 — Statuette, en terre cuite, de génie tenant une lyre.

212 — Deux supports, décorés de mosaïque, marbre.

213 — Groupe en pierre sculptée, représentant la Vierge assise sur un trône et portant sur les genoux l'Enfant Jésus. Genre roman.

MEUBLES

214 — Table rectangulaire en bois sculpté, décorée de rosaces sur la ceinture ; piétement à arcades, patins feuillagés. XVIe siècle.

215 — Coffre en bois sculpté, décoré de panneaux du XVIe siècle, à fenestrages gothiques, avec bas-relief au centre présentant le Père éternel, la Vierge et le Christ. La façade s'ouvre à deux portes.

216 — Encadrement, à fronton, en bois sculpté, partiellement doré ; fronton surmonté d'un aigle. Travail italien, en partie du XVIe siècle.

217 — Petit coffre en bois sculpté, décoré sur la façade d'un écusson d'armoiries, entre deux médaillons-bustes, et sur le côté de rosaces et oiseaux. XVIe siècle.

218 — Dressoir en bois sculpté, de forme oblongue, à pans coupés, fermant à deux portes superposées et reposant sur une base à fond plein, décorée de fenestrages gothiques et de serviettes repliées. En partie du XVIe siècle.

219 — Dressoir en bois sculpté, à deux portes et deux tiroirs, sur base à fond plein, contenant un tiroir. Il est décoré de la scène de l'Annonciation, et, au centre, d'un Christ de majesté. Il est surmonté d'un dais présentant les quatre évangélistes. En partie du XVIe siècle.

220 — Petit coffre en bois sculpté, décoré de médaillons-bustes du xvie siècle, au milieu de rinceaux, sur la façade. Les côtés présentent des mascarons.

221 — Dressoir en bois sculpté, à deux portes et deux tiroirs, sur base à fond plein. Il est surmonté d'un couronnement en forme de dais ajouré, décoré de fenestrages gothiques. En partie du xvie siècle.

222 — Dressoir en bois sculpté, à deux portes et un tiroir, sur base à fond plein. Il est surmonté d'un dais orné d'une figure d'angelot; décor à fenestrages gothiques. En partie du xvie siècle.

223 — Coffre, formant banquette, en marqueterie de bois de couleurs et d'os, dite certosina, décoré de motifs géométriques. Travail italien du xvie siècle.

224 — Dressoir en bois sculpté, fermant à deux portes et contenant deux tiroirs; il repose sur une base à fond plein; décor de pampres et d'animaux chimériques. En partie du xvie siècle.

225 — Miroir dans un cadre en bois sculpté, à colonnettes, fronton et cul-de-lampe; décor de chimères et de rinceaux. En partie du xvie siècle.

226 — Niche en bois sculpté, peint et doré, flanquée de deux pilastres et surmontée d'une coquille et de deux têtes de chérubins. Italie, fin du xvie siècle.

227 — Meuble en bois sculpté, fermant à deux portes et reposant sur une base à fond plein et à tiroir ; les deux portes sont décorées de perspectives architecturales placées entre trois pilastres. Fin du XVIe siècle.

228 — Devant de coffre en bois sculpté et partiellement doré, décoré de trois compartiments contenant l'un un écusson d'armoiries, les autres des figures de femmes couchées. Fin du XVIe siècle.

229 — Meuble, à deux corps, en bois sculpté et marqueterie à filets ; décor de rinceaux et moulures. Il ferme à quatre portes et contient deux tiroirs. Fin du XVIe siècle.

230 — Dressoir en bois sculpté, décoré de figures d'applique, de personnages allégoriques, de têtes d'amours, de trophées, etc. Le corps inférieur ouvre à deux portes. Le corps supérieur forme étagère. En partie de la fin du XVIe siècle.

231 — Quatre fauteuils variés en bois et cuir cloutés de cuivre. XVIIe siècle.

232 — Coffre en bois sculpté, à façade présentant les armes de France, soutenues par deux anges. XVIIe siècle.

233 — Fauteuil en bois, à dossier et siège de cuir. En partie du XVIIe siècle.

234 — Siège à X, pliant, en bois sculpté. En partie du XVIIe siècle.

235 — Fauteuil en bois, à dossier et siège de cuir, clouté de cuivre. XVIIe siècle.

236 — Glace rectangulaire, dans un cadre en bois sculpté et doré, du temps de Louis XIV.

237 — Fauteuil en bois sculpté à fleurs ; siège et dossier cannés. Époque Louis XV.

238 — Chaise en bois sculpté à fleurs et feuilles ; siège et dossier cannés. Époque Louis XV.

239 — Chaise en bois sculpté à rocailles ; siège et dossier cannés. Époque Louis XV.

240 — Buffet en bois sculpté, du temps de Louis XV, décor de branches fleuries. Il ferme à quatre portes.

241 — Bureau-scriban, à dos d'âne, en marqueterie de bois de violette à quadrillés, contenant quatre rangs de tiroirs. Fin de l'époque Louis XV. Il a été regarni, en partie, de bronzes.

242 — Cadre de glace en bois sculpté et doré, à motifs de rocailles. XVIIIe siècle.

243 — Fauteuil en bois sculpté et doré, à motifs de rocailles, couvert en velours rouge. Italie, XVIIIe siècle.

244 — Lutrin en bois tourné et velours rouge brodé d'argent doré, de travail italien du XVIIIe siècle.

245 — Glace, dans un encadrement à fronton triangulaire, porté par quatre colonnettes; bois peint marron et doré. Italie, XVIIIe siècle.

246 — Encadrement en bois sculpté, peint vert et doré, orné de deux couples de colonnettes; fond de glace. Travail italien du XVIIIe siècle.

247 — Lutrin en bois sculpté et peint bleu et or. En partie du XVIIIe siècle.

248 — Meuble-pupitre en bois sculpté, à une porte et un tiroir; décor de fenestrages gothiques.

249 — Table carrée, recouverte de velours rouge et de fragments d'orfrois, de travail italien du XVIe siècle, à rinceaux brodés d'argent doré, sur fond de velours bleu.

250 — Torchère en bois sculpté, peint et doré, à décor de guirlandes de feuillages.

251 — Chaise en bois sculpté et peint gris, couverte en velours rayé.

252 — Stalle à une place en bois sculpté, décorée, sur les accotoirs, de feuillages et de fleurs.

253 — Monture d'écran en bois sculpté et doré, à rocailles. Travail italien.

254 — Banquette en bois sculpté, sur pieds à griffes, couverte en velours.

255 — Table en bois sculpté, à décor de colonnettes et de colonnettes engagées.

256 — Stalle à une place, en bois sculpté, décorée de volutes et de feuillages.

257 — Guéridon, à dessus en marqueterie, dite certosina, avec inscriptions orientales.

258 — Chaise en bois, recouverte de cuir et cloutée de cuivre.

259 — Chaise pliante en marqueterie d'os et de bois, dite certosina. Travail italien.

260 — Table rectangulaire en bois sculpté sur piétement à colonnettes cannelées.

261 — Banquette en bois sculpté, à dossier orné d'une bande d'ancienne tapisserie à fleurs.

262 — Coffre avec tiroir, sur support en bois tourné.

263 — Deux chaises, à haut dossier, en bois, revêtues d'ancien cuir.

264 — Dressoir en bois sculpté, à deux portes, sur base à fond plein ; les portes sont ornées d'un mascaron sur un cartouche.

265 — Gaine en bois sculpté, décorée de fenestrages, de style gothique.

266 — Stalle, à quatre places, en bois sculpté, à décor de moulures ; les miséricordes sont supportées par des mascarons ou des personnages.

267 — Deux chaises, couvertes de cuir et cloutées de cuivre.

268 — Deux chaises, à haut dossier, ornées de deux traverses découpées ; bois sculpté.

269 — Glace dans un cadre en bois.

270 — Grande niche en bois sculpté et doré, décorée de feuillages aux angles.

271 — Stalle, à deux places, en bois sculpté, décorée de motifs gothiques.

272 — Fauteuil en bois sculpté, à moulures et torsades ; dossier revêtu de cuir.

273 — Fauteuil en bois, recouvert de cuir ; traverses ajourées.

274 — Gaine, à trois faces, en bois sculpté, à motifs gothiques.

275 — Stalle, à deux places, en bois sculpté, à décor de motifs gothiques,

276 — Table rectangulaire en bois, sur pieds-colonnettes reliés par des traverses.

277 — Table rectangulaire en bois sculpté, sur piètement à arcade et quatre colonnettes.

278 — Banquette en bois, avec coussin d'étoffe lamée d'argent doré, sur fond vert.

279 — Banquette en bois, ornée d'une bande d'ancienne tapisserie à fleurs.

ÉTOFFES, DENTELLES

280 — Petit panneau en velours rouge bouclé d'argent doré, à grandes feuilles. Italie, XVe siècle.

281 — Petit panneau en velours rouge bouclé d'argent doré à grands ramages. Italie, XVe siècle.

282 — Panneau en velours rouge, tissé d'argent doré, à grands ramages. Italie, XVe siècle.

283 — Deux orfrois en satin bleu, avec applications de broderie de soie et d'argent doré et velours; décor de bustes de personnages, de rinceaux, etc. XVIe siècle.

284 — Montant en velours rouge, avec applications de broderie de soie et d'argent doré. Italie, XVIe siècle.

285 — Bandeau en velours rouge, avec applications de broderie de soie et paillettes, à sujet saint et rinceaux. XVIe siècle.

286 — Chasuble en velours vert ciselé, à petits ramages. Italie, XVIe siècle.

287 — Dos de chasuble en velours violet ciselé, avec orfroi en satin et broderie de soie et d'argent doré, à trois figures de saints superposées. Italie, XVIe siècle.

288 — Dos de chasuble en velours rouge, avec orfroi en forme de croix, en broderie de soie et d'argent à sujet saint. XVIe siècle.

289 — Chasuble en velours vert, avec broderie d'argent doré, et orfroi en broderie de soie et d'argent doré, à sujets saints. XVIe siècle.

290 — Petit panneau en velours rouge, lamé d'argent doré, à dessin de fleurs et feuilles. Venise, XVIe siècle.

291 — Chape en damas rouge, avec orfroi en satin rouge et applications à dessin d'entrelacs et de sujets de sainteté. Italie, XVIe siècle.

292 — Chape en velours violet, avec applications ; chaperon et orfroi en broderie de soie et d'argent doré, à dessin d'étoiles, d'anges, figure de saint Martin, etc. XVIe siècle.

293 — Chape en velours rouge, avec orfroi et chaperon en broderie de soie et d'argent doré, à figures de saints. Italie. XVIe siècle.

294 — Chaperon et fragment de chape en brocatelle, à fleurs sur fond rouge. Italie, XVIe siècle.

295 — Panneau en velours rouge, brodé d'argent doré, à nombreuses fleurs et motifs irréguliers. XVIe siècle.

296 — Montant en velours bleu, avec applications de broderie d'argent doré, à décor de rinceaux. XVIe siècle.

297 — Fragment de velours vert ciselé, à feuillages. Espagne, XVIe siècle.

298 — Petit panneau en velours ciselé, à ramages bleus symétriques. Italie, XVIe siècle.

299 — Tunique en satin vieux rose, avec applications de satin rouge soutaché, du XVIe siècle.

300 — Corsage en velours noir ciselé, du XVIe siècle, à petits ramages.

301 — Trois fragments de brocart, bouclé d'or, du XVIe siècle.

302 — Justaucorps en velours ciselé à ramages rouges, du XVIe siècle, et ancien satin rouge tissé d'argent et d'argent doré.

303 — Garniture de lit en velours rouge, avec applications, à petites feuilles. XVIIe siècle.

304 — Deux portières en velours rouge, du XVIIe siècle.

305 — Grand écusson d'armoiries en broderie de soie et d'argent, fond de velours rouge. XVIIe siècle.

306 — Panneau en velours rouge, avec applications de broderie d'argent et d'argent doré, présentant un calice soutenu par deux anges dans une couronne. XVIIe siècle.

307 — Bannière en velours rouge, avec applications de broderie de soie et d'argent, à gros relief, présentant un écusson d'armoiries. XVIIe siècle.

308 — Tour de lit, en velours violet, avec applications, à fleurs et étoiles. XVIIe siècle.

309 — Dessus de lit, en velours, avec applications de tapisserie au point, à fleurs. XVIIe siècle.

310 — Panneau en velours jaune, orné sur un côté d'une large bande en velours violet, avec applications à grands ramages, en soie blanche. XVIIe siècle.

311 — Chasuble en velours vieux rose, brodé d'argent, avec orfroi de velours vert, également brodé d'argent; dessin de feuilles et motifs irréguliers. XVIIe siècle.

312 — Manteau de Vierge en velours vieux rose et passementerie d'argent doré, et dentelle d'argent doré. XVIIe siècle.

313 — Tour de lit en satin rouge, avec applications à dessin de vases de fleurs. XVIIe siècle.

314 — Chape en brocart, à fond orange, à dessin de fleurs.

315 — Veste en brocart d'argent doré et d'argent, à fleurs. XVIIe siècle.

316 — Montant en satin prune, avec applications de grands rinceaux brodés d'argent et d'argent doré. XVIIe siècle.

317 — Longue frange de velours marron, du XVIIe siècle.

318 — Chasuble en soie rouge tissée d'argent doré, grands ramages, du XVIIe siècle.

319 — Fragment de brocart, à grands ramages, du XVIIe siècle.

320 — Manteau de Vierge, en velours ciselé, à ramages orange, sur fond lamé d'argent, XVIIe siècle.

321 — Large bandeau en velours ciselé, à ramages rouges sur fond jaune. XVIIe siècle.

322 — Grand panneau en velours rouge ciselé, à grands ramages, orné d'un écusson d'armoiries, en applications et broderie d'argent. XVIIe siècle.

323 — Petite bande de velours ciselé, à ramages rouges sur fond jaune, avec écusson d'armoiries brodé d'argent. XVIIe siècle.

324 — Bande de velours ciselé, à ramages rouges sur fond jaune. XVIIe siècle.

325 — Dos de chasuble en velours violet, brodé d'argent à gros reliefs. XVIIe siècle.

326 — Manteau de Vierge en satin vert, avec applications de dentelle d'argent doré, du XVIIe siècle.

327 — Bannière en velours ciselé, avec applications de broderie d'argent et de paillettes. Espagne, XVIIe siècle.

328 — Bannière en velours rouge brodé d'argent doré, présentant un écusson d'armoiries au milieu de rinceaux, et avec inscription à la partie supérieure. Espagne, XVIIe siècle.

329 — Bannière en étoffe peinte, aux armes des Médicis.

330 — Veste en velours vert ciselé à quadrillés, du temps de la Régence.

331 — Panneau en soie brochée à fleurs et feuilles, sur fond vieux rose. Époque Louis XV.

332 — Manteau défait en velours orange. XVIIIe siècle.

333 — Manteau de Vierge en velours rouge, avec broderie de soie et d'argent à dessin de fleurs, rocailles, etc. XVIIIe siècle.

334 — Veste et corsage en soie brochée et lamée d'argent, à grosses fleurs, du XVIIIe siècle.

335 — Robe en soie grise brochée, à ramages jaunes, lamés d'argent doré. XVIIIe siècle.

336 — Chasuble en soie vieux rose brochée de soie de couleurs et d'argent doré, à fleurs et branches fleuries. XVIIIe siècle.

337 — Chasuble en soie vieux rose brochée de soie de couleurs et d'argent doré, à fleurs, du XVIIIe siècle.

338 — Grand manteau de Vierge, en velours rouge avec applications de motifs en paille tressée. Ancien travail espagnol.

339 — Panneau d'ancien velours jaune.

340 — Chape défaite en ancien velours noir uni.

341 — Trois fragments d'ancien velours rouge uni.

342 — Habit en ancien velours vert ciselé, à grosses fleurs.

343 — Tunique en ancien velours bleu.

344 — Fragment de velours bleu uni.

345 — Trois panneaux de brocart à grands ramages sur fond vert.

346 — Panneau en velours ciselé jaune clair à ramages changeants, composés de fleurs et palmettes.

347 — Selle d'enfant en velours vert ciselé.

348 — Quatre sièges en tapisserie au point, à fleurs, palmettes et imbrications sur fond bleu. Commencement du XIXe siècle.

349 — Deux panneaux à larges palmettes et fleurs en velours lamé d'argent doré et d'argent. Ancien travail oriental.

Long., 1 m. 45 cent.; larg., 59 cent.

350 — Panneau en toile partiellement peinte, à dessin d'animaux et fleurs. Travail oriental.

351 — Bande en ancienne dentelle de Milan.

Long., 3 m. 40 cent.

352 — Bande en guipure de Venise, à reliefs.

TAPISSERIES, TAPIS

353 — Fragment de bordure à fleurs et fruits, avec médaillon en tapisserie du XVIe siècle. Flandres.

354 — Fragment de bordure de tapisserie flamande du XVIe siècle, à fruits, fleurs et médaillon contenant une rivière avec un pont.

Haut., 1 m. 95 cent.; larg., 38 cent.

355 — Fragment de tapisserie à personnages. Flandres, XVIe siècle.

356 — Fragment de bordure à fleurs et feuilles sur fond rouge. Flandres, XVIe siècle.

Haut., 2 m. 35 cent.; larg., 25 cent.

357 — Fragment de tapisserie flamande du XVIe siècle, présentant un personnage sur fond de paysage.

Haut., 1 m. 80 cent.; larg., 1 mètre.

358 — Fragment de tapisserie flamande du XVIe siècle, présentant un ange.

Haut., 48 cent ; larg. 63 cent.

359 — Tapisserie rectangulaire, présentant deux personnages placés sous un dais, soutenu par deux anges ; fond de verdure ; bordure à branchages fleuris sur fond rouge. XVIIe siècle.

Haut., 2 m. 60 cent.; larg., 2 m. 10 cent.

360 — Fragment de tapisserie du XVIIe siècle, à personnages sur fond de paysage. Flandres.

Haut., 2 m. 30 cent., larg., 2 m. 10 cent.

361 — Fragment de tapisserie-verdure flamande, du XVIIIe siècle, avec partie peinte.

Haut., 2 m. 85 cent.; larg., 95 cent.

362 — Grand tapis, présentant une rosace bleue à fleurs sur fond rouge chargé de fleurs; bordure bleue à fleurs sur trois côtés. Travail exécuté en France sous Henri IV par des Orientaux.

Haut., 3 m. 90 cent.; larg., 3 m. 40 cent.

363 — Carpette d'ancien travail oriental, à fleurs sur fond rouge; bordure bleue à fleurs.

Long., 1 m. 50 cent.; larg., 1 m. 15 cent.

364 — Fragment de tapis à fleurs sur fond rouge, avec bordure bleue à palmettes. Ancien travail oriental.

Haut., 3 mètres; larg., 1 m. 75 cent.

365 — Fragment de tapis d'ancien travail oriental, à motifs réguliers.

Long., 95 cent.; larg., 70 cent.

366 — Fragment de tapis, d'ancien travail oriental, à dessin d'animaux sur fond rouge.

Long., 87 cent.; larg., 64 cent.

367 — Carpette, composée de fragments d'ancien travail oriental, à grosses fleurs sur fond bleu; bordure jaune à fleurs.

Long., 1 m.65 cent.; larg., 94 cent.

368 — Lot de fragments d'anciens tapis d'Orient. (Sera divisé.)

369 — Carpette orientale à fonds vert et rouge; motifs réguliers.

Long. 1 m. 55 cent.; larg., 1 m. 20 cent.

370 — Tapis d'Orient, à fond rouge et motifs géométriques; bordure bleue à fleurs.

Long., 4 mètres; larg., 2 m. 65 cent.

420

371 — Tapis d'Orient à motifs réguliers, sur fond rouge; bordure bleue à motifs réguliers en rouge.

Long., 3 m. 60 cent.; larg., 2 m. 50 cent

80

372 — Tapis-chemin oriental, à fleurs, sur fonds bleu; bordure blanche à motifs réguliers.

Long., 4 m. 80 cent.; larg., 92 cent.

160

373 — Tapis d'Orient, à fleurs, sur fond rouge; encadrement bleu à fleurs, bordé de jaune.

Long., 2 m. 45 cent.; larg., 2 m. 20 cent.

340

374 — Tapis d'Orient, à fleurs et motifs réguliers sur fond rouge; double bordure à fond gros bleu et bleu clair, chargée de fleurs.

Long., 4 m. 85 cent.; larg., 3 m. 10 cent.

Produit 138.043 francs

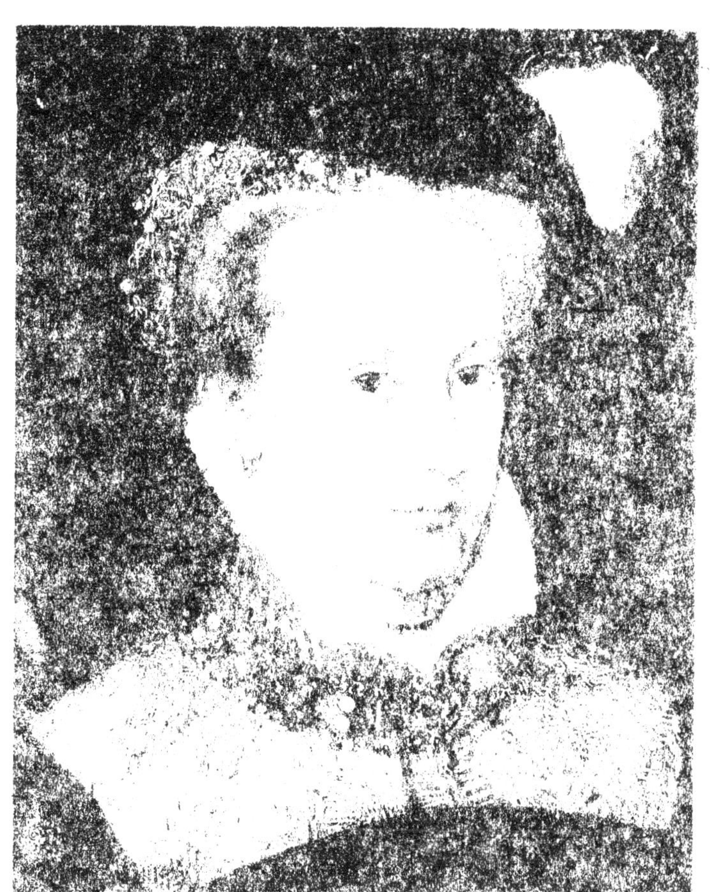

42

8e

16

3

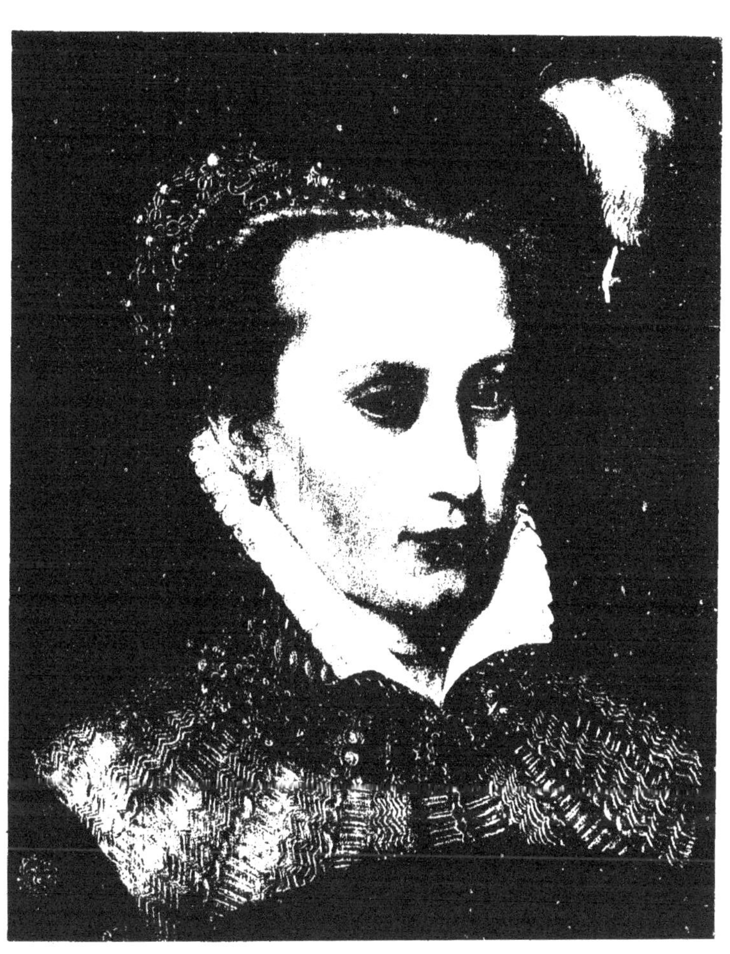

TABLEAUX ANCIENS

BOUCHER (École de)

375 — *Étude de Femmes, l'une appuyée sur une lyre.*

CARPACCIO (École de)

376 — *Personnage coiffé d'une toque rouge.*

CARRIERA (Attribué à ROSALBA)

377 — *Jeune Fille en buste.*

Pastel.

CLOUET (École des)

378 — *Portrait de Femme.*

En buste, un toquet de velours noir à plumes blanches posé sur ses cheveux blonds, en partie couverts d'une résille d'orfèvrerie enrichie de pierres précieuses, une ruche de lingerie et un collier autour du cou.

CLOUET (École des)

379 — *Portrait de Femme tenant des gants.*

CLOUET (École des)

380 — *Portrait de François Ier.*

COELLO (Attribué à S.)

381 — *Portrait d'une Princesse, en buste.*

COYPEL (École de)

382 — *Vénus endormie.*

FRANCIA (École de)

383 — *La Sainte Famille et une donatrice.*

GUARDI (F.)

384 — *Monuments et figures.*

GUARDI (Genre de)

385 — *Fête sur une place publique.*

HELST (Genre de VAN DER)

386 — *Portrait d'Homme en buste.*

Barbiche longue et large col bordé de dentelle.

HUET (Genre de JEAN-BAPTISTE)

387 — *Scène champêtre.*

JORDAENS (Attribué à)

388 — *Vieillard soufflant dans une trompe.*

LARGILLIERRE (Attribué à)

389 — *Portrait de Femme en robe bleue, manteau rouge.*

LONGHI (Attribué à PIERRE)

390 — *La Partie de tric-trac.*

MARATTA (Attribué à CARLO)

391 — *Jeune Femme tenant un feuillet de musique.*

MIGNARD (Attribué à)

392 — *Portrait de Femme, retenant une écharpe bleue sur sa poitrine.*

NONNOTE (DONATIEN)

393 — *Portrait de Femme, tenant un éventail.*

Signé et daté : 1750.

POURBUS (École de)

394 — *Portrait d'Homme âgé, à longue barbe blanche.*

POURBUS (École de

395 — *Portrait d'une Princesse accoudée sur une table couverte d'un tapis rouge.*

RAPHAEL (École de)

396 — *La Vierge, l'Enfant Jésus, saint Jean et l'agneau.*

RICCI (SÉBASTIEN)

397 — *La Cène.*

RIGAUD (Attribué à H.)

398 — *Portrait d'Homme en armure.*

RIGAUD (École de)

399 — *Portrait de Femme en corsage de brocart d'or.*

SARTE (École d'Andrea del)

400 — *La Vierge, l'Enfant Jésus, saint Jean et sainte Catherine.*

SCHOT (G.)

401 — *Bords de rivière.*

Signé et daté : *1646.*

TENIERS (École de)

402 — *La Partie de cartes.*

TIEPOLO (Attribué à Dominique)

403 — *L'Adoration des mages.*

Toile de forme ovale.

TIEPOLO (École de)

404 — *Buste de Jeune Homme, couvert d'un manteau bleu.*

VAN DYCK (Attribué à)

405 — *Portrait de Fillette en buste.*

VAN DYCK (D'après)

406 — *Portrait de Femme parée d'une chaîne de perles.*

WATTEAU (École de)

407 — *Le Duo.*

ÉCOLE ALLEMANDE (XVIe siècle)

408 — *L'Adoration des Mages, dans un paysage avec cours d'eau.*

ÉCOLE ALLEMANDE (XVIe siècle)

409 — *La Flagellation.*

ÉCOLE ALLEMANDE

410 — *Portrait de Ferdinand d'Autriche.*

ÉCOLE ESPAGNOLE (XVIe siècle)

411 — *La Vierge et l'Enfant Jésus tenant une bague.*

ÉCOLE FLAMANDE

412 — *La Femme au singe.*

ÉCOLE FLAMANDE

413 — *La Vierge et l'Enfant Jésus entre deux anges. Fond de paysage.*

ÉCOLE FLAMANDE

414 — *La Résurrection du Christ.*

ÉCOLE FLAMANDE

415 — *Portrait équestre d'un prince espagnol.*

ÉCOLE FLORENTINE

416 — *La Vierge, l'Enfant Jésus tenant un oiseau et deux saints personnages.*

ÉCOLE FRANÇAISE (XVIe siècle)

417 — *Portrait d'Homme à collerette.*

Petite peinture sur cuivre.

ÉCOLE FRANÇAISE (XVIIIe siècle)

418 — *Jeune Femme en buste, représentée dans un médaillon de pierre.*

ÉCOLE FRANÇAISE (XVIIIe siècle)

419 — *Portrait de Femme tenant une rose, une écharpe jaune drapée sur les épaules.*

ÉCOLE FRANÇAISE

420 — *La Confiance surprise.*

ÉCOLE FRANÇAISE

421 — *Les Baigneuses.*

Dessus de glace.

ÉCOLE HOLLANDAISE

422 — *Portrait d'Homme, couvert d'un manteau noir.*

ÉCOLE ITALIENNE

423 — *Trois Saints personnages.*

ÉCOLE ITALIENNE (XVe siècle)

424 — *Le Calvaire.*

Peinture sur bois rehaussée d'or.

ÉCOLE MILANAISE

425 — *Portrait de Femme, retenant un voile blanc sur sa poitrine décolletée.*

ÉCOLE NÉERLANDAISE

426 — *Le Christ et Marie-Madeleine.*

Bois cintré dans la partie supérieure.

ÉCOLE NÉERLANDAISE

427 — *Le Baiser de Judas.*

ÉCOLE OMBRIENNE

428 — *L'Ordination d'un moine.*

ÉCOLE VÉNITIENNE

429 — *Portrait de Femme en robe rouge, manteau noir.*

ÉCOLE VÉNITIENNE

430 — *La Sainte Famille avec saint François d'Assise, un cardinal et une donatrice.*

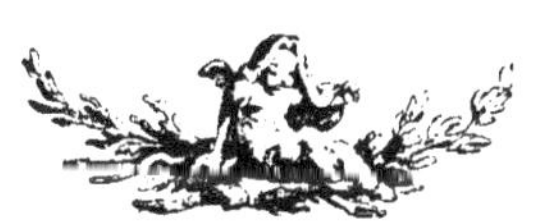

www.ingramcontent.com/pod-product-compliance
Ingram Content Group UK Ltd.
Pitfield, Milton Keynes, MK11 3LW, UK
UKHW022106170726
13837UKWH00003B/1091